JN411315

참회의 길

국립중앙도서관 출판시도서목록(CIP)

참회의 길 : 효종 시집 / 지은이: 효종.
서울 : 화남, 2007 p. ; cm. -- (화남의 시집 ; 12)

ISBN 978-89-90553-82-9 02810 : ₩7,000

811.6-KDC4
895.715-DDC21 CIP2007001761

화남의 시집 ⑫

참회의 길

초판 1쇄 인쇄_2007년 6월 18일
초판 1쇄 발행_2007년 6월 20일

지은이_효종
펴낸이_방남수
펴낸곳_ 화남
(121-838) 서울시 마포구 서교동 366-30 목천빌딩 2층
전화_(02)3142~4787 팩스_(02)3142~4784
등록_제2-1831호(1994.9.26)
e-mail_hwanambang@hanmail.net

디자인 · 편집_안인복 정고은

ISBN 978-89-90553-82-9 02810
값 7,000원

화남의 시집 ⑫

참회의 길

효종 시집

화남

작가의 말

물질문명이 만능인 사회에 독자에게 글의 향기를 품어 주고 싶습니다.

문장력이 부족하고 어휘가 가난하여 서투룸이 많은 줄 알지만, 독자님들의 지혜로 다듬어 주시리라 믿고 용기를 내어 작지만 『참회의 길』이란 시집을 출판하게 되었습니다. 부족하나마 독자님들의 마음속에 편안하고 부드러운 심상이 남길 바랍니다.

불기2551(2007)년 6월

효 종 합장

참회의 길 | 차례

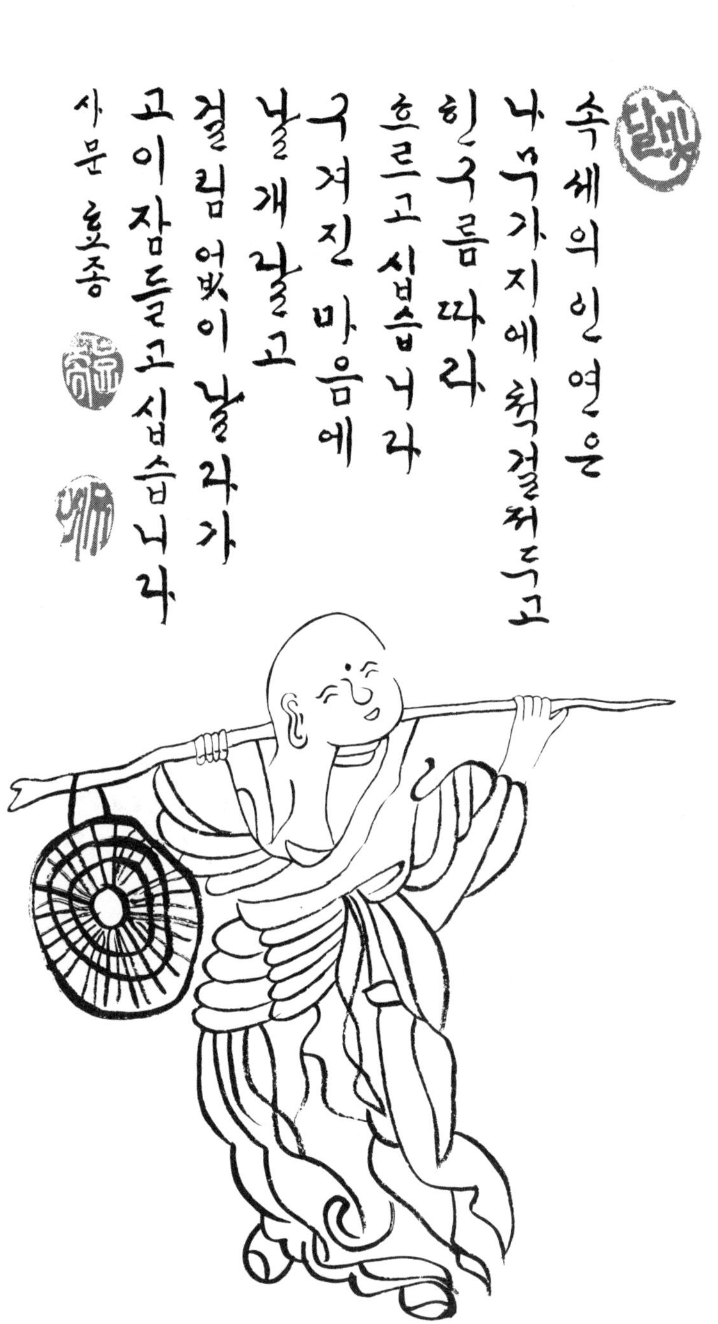
달빛
속세의 인연은
나무가지에 척걸쳐두고
흰구름 따라
흐르고 싶습니다
구겨진 마음에
날개 달고
걸림 없이 날라가
고이 잠들고 싶습니다
사문 효종

참회의 길

허욕에 찌든 생각
나무 가지에 척 걸쳐 두고
하늬바람 따라
새로운 길을 찾아가렵니다

미운 놈들
고운 놈들
소주 한 잔에 타 마시고
무지개 길을 찾아가렵니다

관세음 보살님이 손짓하는
그 길이라기에

가을 소리

서늘한 소리
귀뚜라미 울고
야윈 코스모스의 갸날픈 미소
오곡은 은금실 황금실
풍년을 노래하고
뒷산에는
밤송이가 속살을 들어내고
앞 마당 대추나무 가지엔 주렁주렁
가을이 수줍어 붉게 물들었나
아! 들과 산에도
가을 익어 가는 소리
고추잠자리 장단 마추어
늙은 허수아비
덩실덩실 두덩실
춤을 추신다

금강산 건봉사의 찬가

지장 보살 크신 원력
태양되어 쏟아지고
관음보살 모성애는
달빛되어 두루하는
금강산의 정기모아
건봉사를 이룩하니
스님들의 목탁 소리
산천도 춤을 추네

지리산 피아골

십수 년 전 젊음의 가슴에서
터져나온 통한의 함성
사나운 바람되어 나뭇가지에 찢기나
구천을 헤매는 젊은 영혼의 눈물
줄줄줄 궂은비 되어
피아골이 촉촉하구나
오늘도 그 예나
푸르름은 그대로인데
얼마나 피바다가 되었길래
그 이름 피아골인가
무엇을 빼앗으려고
무엇을 아니 빼앗기려고
서로 총 칼을 드리 댓단 말인가
이제는 남 북 정상들이
손을 마주잡고
화해의 물결이 출렁이는데
젊은 영혼들은 구천을 헤매는구나
스님들의 천도재 목탁소리

듣는지, 못 듣는지
산하도 말이 없고
허공도 고요하구나
아! 젊음을 티끌처럼 날려 보낸
푸른 영혼들아
여기 부처님 감응 나려주시니
맺힌 한 거두어
섬진강에 흘려 보내고
이 도량에 편히 잠드소서

군소리

새 소리 엮어서 님에게 보낼꺼나
꽃 향기 담아서 님 가슴에 흘릴꺼나
녹음이 우거진 산사의 깊은 밤에
그리운 님의 얼굴이 다가오누나
풍경소리 실바람에
정막은 흩어지고
달빛 쏟아지는데
찢어진 문틈으로 마음 내미니
저 멀리 개 짖는 소리
님의 발자욱인가
부푼 마음
님 마중가자 하는데
어느새 도량석 목탁소리
어둠을 쓸어 버리네

기다림

인사는 하지 말고
그냥 가세요
왜냐하면
영원한 이별 될까 두려우니까요
영원한 이별은 싫어요
진달래꽃 필 무렵
동산에서 또 만나야 하니까요

궂은 비 오는 날

비에 젖은 촉촉한 마음에
옛 노래 싫어
걸림 없이 흐르고 싶구나
복잡한 생각은
달빛에 걸어두고
번뇌 망상은
싹싹 비벼
허공에 불어 버리고
할미꽃 핀
옛 동산으로 가고 싶습니다
철 없던 그 시절로
되돌아 가고푸고나

꿈의 여행

달빛에 마음 헹구고
바람에 몸을 씻고
흰 구름 따라
별빛 지나고
달빛 지나서
은하수를 건너
하늘 끝에 이르면
그리운 님 계시려나
구름아 구름아 어서야 가자
님 보고 싶고나

금강산 건봉사의 겨울

십수 년 전 포성은
폐허로 진노했고
스산한 찬 바람은
건봉사의 옛 상처들
어루만져 도누나
얼마나 참고 견뎌 왔던가
산천 초목 일깨우던 염불소리
이제는 만일 염불회 스님들도
흰눈 되어서
목탁 소리 어우러져
춤을 추신다 얼씨구. 춤을 추신다
그것도 아주 펄~펄

십수 년 전 화약 연기
검은 구름 되어
금강산 정수리에 떠 맴돈다
달빛 흐리고 별빛 가리우며
건봉사 큰 법당을 어루만져 보려고

도량석 목탁 소리에
달빛 녹아 버리고
별빛 녹아 버렸네
하기야
풍진 세상 영원하랴마는

다람쥐의 푸념

깊은 산 속으로 아주 깊은 산 속으로
돌아가고 싶은데
산이 없어졌어요
골짜기가 없어졌어요

사람들이 쳐들어와 법석이고
자동차까지 몰고 들어와
살 곳이 없어졌어요

나무도 물도 몸살이 난
이 오염된 산천을 등지고
어데로 갈까나

노총각의 한

풀 향기가 코 끝에 스쳐 옵니다
아지랑이 꽃 동산에
아기염소 뛰어 놉니다.
기울어진 산 그림자
서산에 흩어지고
호숫가에 능수버들
숫처녀 가슴을 설레게 합니다
진달래에 물 들은
숫총각의 마음은
사랑 열차를 타고 달립니다

무소유 — 1

세상을 다 준다 해도
즐겁지 않으리
왜냐하면
죽음이 다가오고 있기 때문에
권력을 부린들 무엇하리
언제인가는 야인으로 돌아 갈 것을
사랑을 한들 무엇하리
언젠가는 헤어져야 할 것을
다만 무상함을 사랑하고, 존경함이 영원하리

차 한잔

따뜻한 찻잔에서
우러나오는 그윽한 향기는
솔 바람에 흩어지고
마주 앉은
님의 눈빛에선
싱그러운 행복이 쏟아집니다
장안사 큰법당 목탁 소리에
봄바람에
산천 초목은 춤을 추니
더욱 차 맛이 그윽합니다
세파에 시달린
찌든 마음은
차 향기로 씻어 버리고
모처럼
한가로이 마음의 빗장을 여니
세월 속에 흘러간
옛 추억이
따끈한 찻잔에서 피어납니다

향수 — 1

적막은 잔잔이 흐르고
별들은 하나 둘 윙크를 한다
흐드러지게 핀 벚꽃은
가로등에 반짝이고
두견새 소리 고향에 젖어드는데
그리운 마음은
타향에 울고
추억의 동산에 문을 여니
양지 바른 비탈에는
할미꽃이 피어 있는
그리운 동무들 웃음 소리가
푸른 하늘을 날던
그리운 시절
고요한 산사에서 잠을 재우고
부처님 손짓 따라 떠나 가야지

낙엽

굽이굽이 흐르는
강물 위에
낙엽 하나 떠 간다
찰랑찰랑 춤을 추며 떠 간다
늠실늠실 거리기도 하면서
물이 흐르니 그저 떠 간다
강물 위에 흐르는 구름을 벗 삼아
어데로인지 떠 간다
산 새들이 지저귀어도
개의치 않고
나무 그림자 넘어서
바위를 비켜가며 떠 간다
그 어느 곳에서
그리운 님이 기다리길래
쉬지도 않고 뒤돌아보지도 않고
흘러흘러 흘러만 갈까

무소유 — 2

사랑도 원수도
끝내는 죽음으로 없어질 것을
사랑을 놓을 수도 없고
원수도 감싸 안을 수 없겠지만
어찌 죽음을 거부하리오
그러나
조건 없고 대가 없는 사랑은
부처님 자비가 아니련가
움켜쥐려 해도 버리려 해도
가지고 가야 하는 마음
근심 걱정 토해 버리고
그 마음에 즐거움을 담아 가야지

4월이 오면

꽃 향기 풍기는
나무 그늘에서
흰 구름 따라
지난 일들을 엮어 봅니다
찢기고 꼬집힌
남루한 상처들 미풍에 날려 보내고
흰 구름 따라 흔적 없이 흐르고 싶습니다
4월이 오면
꽃 향기에 꿈을 실어다 준다던
님의 언약은
슬픔으로 허공에 흩어졌습니다
인자하고 자비로운
님의 모습은
그리움으로 남았습니다
하늘이 무너지고 땅이 꺼지던
4월이 또 다시 왔는데
서러움만이 산야를 껴안고 맴도는데
아지랑이 비집고

손짓하며 빙그레 웃으실 것만 같은
그 모습은
영원히 지워지지 않는 그리운 그림자로
남았습니다
잊혀지지 않은 님이시여
또 다시 4월이 왔는데

발인재發靷齋

벌과 나비도 날지 않으니
진달래 개나리
땅속에 숨었나 허공에 날아갔나
그런데 노란 국화는
찬서리 맞으며
정갈하게 피었구나
그윽한 향기는
어느 영전을 감싸려는 합장이냐
찬 바람에 통곡 소리는 흩어지고
혼백 실은 영구차는 시동이 걸리고
엄마 부디 극락 세계로 가시옵소서
애절한 자식들의 마음을
아는지 모르는지
국화 향기 따라
영혼은 사라지네

윤회

단풍잎은
그대로 푸르고저 하였으나
계절이 그냥 두질 않는구나
청춘을 그대로 가지고저 하였으나
도도히 흐르는 세월이
할퀴고 짓밟는구나
꽃도 시들면
오던 나비 되돌아가고
푸른 나무도 고목이 되니
새도 날지 않는구나
그러나
해는 서녘으로 기울었다가
다시 동녘에서
솟아오르잖니
인생도 내생이라는 희망이 있지 않는가
금생에 하는 일들은
내생의 그림자로 비춰지는 것
내생의 희망을 위하여

어린 동심으로 살아가자
밝은 새 아침을 그리며

동심

바람이 그물에 걸리지 않듯
만사에 걸림이 없구나
연꽃이 더러운 물에 젖지 않듯이
세상에 물들지 아니하였네
그저 배고프면 울따름
배부르면 껄껄대며 좋을시고
동서남북 상하에 문이 없으니
자유 분방하단다
영원히 소유하지 못할 것
욕심내어 무엇 하느냐 하네
마음에 원수가 없으니
두려워할 것 없고
가지려 들지 아니하니
의심하는 이 없네
머물러 들지 않으니
걸림이 없구나
알려고 하지 않으니 들을 것이 없다네
그저 둥굴둥굴
쉬었다 간다네

인연

동에서 솟아오르는 해는
자연의 순리를 따름이라면
서방으로 넘어가는 섭리를
어느 천하 장사 막을 것인가
오고 가는 것도 인연 노름이라
연이 없어지면 가는 것이고
연이 도래하면 오는 것이 아니더냐
인과의 노름도
자기가 짓고 받는 것이라
인연 그물을 벗어나는 이치가
어데 있다더냐
푸른 잎도
인연이 다하니
낙엽으로 뒹굴고
사람도 인연이 다하니
잔디 밑에 흙 한 줌으로 되는 것을

입시기도

코흘리개가
벌써 커서 대학 간다우
커 갈수록 꼭 나를 닮은
희망 동이가
코 밑에 거므스레 수염이 나고
목소리는 변성기가 와서
어른도 아이도 아닌 것이
우리 집 기둥 되기 위해
대학 간다우
합격을 간절히 애원하는

엄마의 간절한 소원이
기도 소리 희석되어
법당에 그윽하고
야울야울 피어나는
향 연기에
소원 실어 부처님께 합장합니다

참배

연한 미소로
합장을 하고
예배하는 모습이
노랑 나비련가 흰 나비련가
촛불은 실바람에 춤을 추고
타 오르는 저 향은
꼬리 저으며 님 마중 가나
하늘은 푸르고 산천은 곱게 물들었는데
입시생을 둔 젊은 엄마가
간절하고나

보계산

계곡과 능선이 어우러져서
굽이굽이 용트림하였구나
지장보살의 신통력을
고고히 간직하였음인가
자비로히 중생들을 끌어안아 주시는
넉넉한 자태에
나는 도도하고 거만함을 부끄러워합니다
산들 바람으로 나투시어
가파른 언덕에 흐르는 땀 방울 씻어주는
우유 빛 같은 부드러운 자태에
나는 인색함을 참회합니다
흔들림 없는 묵묵한 자태에
나는 과묵을 배웠습니다
초목을 어루만져 키우는 모습에서
어머니의 따스한 품 속을 느낍니다
아! 빨 노란 옷으로 굽어보시는 모습에서
화려함을 느낍니다
아! 가을 · 겨울 · 봄 · 여름 철마다

빛깔로 나타나시는
풍경화 같은 법문에 매료되었습니다
아마도 중생을 위하여
신통력을 나투신
님의 모습이라 짐작하나이다

산의 정막

차디 찬 저 달 속에
옛 정이 어리는구나
빨간 단풍잎에 임의 정을 그려 넣어
책갈피에 꽂아 두고
마음 설레던
가을 달밤이 새롭습니다
삭막한 가을 산에
정겨운 단풍잎이
찬 바람에
파르르 떠는 모습이
너무나 가엾습니다
조랑물 타고 떠 가는
빨 노랑 단풍잎은
이 삭막한 소식을
누구에게 전하려 흘러 가는지
저 달에게 물어 보니
말이 없고나
다만 앙상한 나무 가지에

찬바람 찢기는 소리만이
골짝을 가득 메우고
낙엽 뒹구는 소리만이
산의 적막을 흔들어 대는구나

마음

마음은
불에 타지 아니하고
마음은
바람에 날리지 아니하고
마음은 물에 떠나려가지 아니하는데
정에는
까맣게 잘 타더라
그렇다면
세상에서 제일 무서운 것이
정일레라
사람들아
사랑만 하거라
정 주지 말고
마음 탈까 걱정된다

정

구름이 지나간 자리엔
아기 별이 속삭이고
바람이 스쳐간 자리엔
단풍이 물들었네
님이 머물다 간 자리엔
정만이 남아 있구나
누구나 만남이란
헤어짐의 조건부가 아니던가
기왕 헤어질 바엔
웃음으로 헤어져야 할텐데
왠 울음바다련가
아! 모양도 빛깔도 냄새도 없는
정이 무엇이더냐
그러나
시간이 흘러 가면
세월이 쓸어 가겠지
세월아 네월아
어서어서 가거라
정 흐려지게

꿈의 여행

바람 따라 흐르는
구름 처럼
인생은 인연 따라
흘러흘러 흐른다
여름이면
매미 소리 장단 맞추어 춤을 추다
가을이면 귀뚜라미 노래 소리 콧노래 부르다
겨울이면 눈 속에 펄펄 날다가
봄이 오면
벌 나비 춤을 추다가
꽃밭에 고이 잠들고 싶어라

친구

가슴 뭉클하게 다가오는
고향 동산아
올 봄도 진달래
흐드러지게 피었느냐
찌리하게 다가오는
옛 동무야
종달이 노래 소리
뉘하고 듣는냐
나는 구름 따라
흘러흘러 타향에 머물며
향수를 달래며
이 시를 쓰고 있단다
그리운 옛 동무야
꿈 속에서라도
옛 동산에 올라
그리움 달래 보자
아! 그립고 보고픈 친구들아

세월

같은 방향을 바라보며
발 맞추어 걷는 그이
처음엔 꽃보다 아름다워
눈빛 그윽했는데
지금은 주름진 백발이 성성하구려
세월의 거울에 비친
쪼그라진 그 모습
패인 주름 마다 옛정이 담긴 듯
가을 향기보다 더 아름답습니다
아! 여기까지 오느라 수고했구려
세월에 할퀸 그 모습
나에겐 소중한 동반자였습니다
세상 어느 것과도 바꿀 수 없는
당신을 사랑합니다

옛 친구

빨간 단풍잎 따다가
고운님 얼굴 그려
흰 구름에 띄워 보낼꺼나

노란 은행잎 따다가
가을향기 실어
강물 위에 띄워 보낼꺼나

옛추억이 구름 사이로
빼꼼이 흐르는구나
가을이면 생각나는
옛 친구들아

가을

여름이
지나간 자리
오곡 황금물결
바람에 춤을 추고
붉은 단풍 물드는 소리
조석으로 차디 차고나

귀뚜라미 노래 소리
단풍이 곱게 물들고
세월이 흐르는 소리
무상으로 흩어지고
솔바람만이
텅 빈 가슴에 맴도는구나

야윈 코스모스 입가엔
헤픈 웃음이 쓸쓸 하고나
허수아비
가을 바람에 춤을 추니

농부의 가슴엔
희망이 익어 가네

사모곡 — 1

엄마 잃은
슬픔은 하늘에 매달고
쓸쓸한 코스모스 길을 걸어갑니다
엄마의 따뜻한 정은
흰 구름 되어 흐르는데
이젠
흘릴 눈물도 없습니다
그저
저녁 노을을 쫓다가
사모곡을 부르며
달빛 흐르고
흰 구름 흘러가는
길목에서 기다리렵니다

사모곡 — 2

엄마의
영혼을 찾아서
가을 바람을 가르며
안개 터널을
거침없이 질주한다
황금 들녘도 고개 숙이고
야윈 코스모스 얼굴엔
슬픈 이슬이 맺혀 흐르는구나
엄마! 엄마!
부디 왕생 극락하세요
딸들의
애절한 통곡 소리에
텅 빈 하늘은
퍼렇게 멍이 들고
쓸쓸한 가을 바람만이
슬픈 가슴에 맴을 돕니다

슬픔이 흐르는 소리

슬픔이
흐르는 소리
가을 넘어로 흩어 가고
벼들은 고개 숙여
문상을 하고
상주들의 통곡 소리
허공이 무너지네
노승의 염불 소리
야울야울 향 연기에 희석되어
먹구름 되어 떠 간다
가을 향기는
은은히 흐르는데
엄마의 정갈한 모습은
저 멀리 아롱져 가는구나

짝사랑

저만치 피어 있는
옥실옥실하고 기름진 꽃은
누구를 위하여
그리도 아름답습니까
봄 바람에 실려 오는
그윽한 향기는
어느 님에게 풍기는
입김인가요
밤 하늘에
깜빡이는 아기 별은
누님께 보내는
윙크인가요
아 달빛 흐르고
별빛 흐르는
봄 하늘가에
그리움의
숲 속을 헤매이다가

달빛 되고
별빛 되어
고요히 잠들고 싶습니다
꽃보다
더
아름다운
그윽한 향기
저만치서
풍겨 오는데
향기에 취한
내 마음은
이슬에 젖어
달빛에 아롱거리고
우아하고 화려한
그 자태에
부푼 내 마음
진달래 개나리
씽긋 날 비웃어도

영원히
내 마음에
담아 두리
그대 그 고운 모습을

가을 바람

단풍을 물들이려고
가을 바람은
떼들 쓰며
나무 가지를
그렇게 뒤흔든 모양이다
코스모스는
한들한들 꼬리를 치며
노 총각의
가슴에 부풀고
노란 은행잎이
손짓을 하니
한 마리
새가 되어 날고 싶고나

가을비

하늘이 울쩍한가
비가 촉촉이 나린다
그리운 사람들은
가을 바람에 떠돌고
외로움만이
남아 맴도는
저 하늘가에
흩어진 추억들이
구름 되어 떠 간다
아! 그리운
님이시여
님도 서러워
가을비 되어 내리는가

늙은 소나무

구름은
바람에 쫓겨 흘러 가고
새 소리 장단 맞추어
늙은 소나무는 춤을 춘다
어떤 년은
머리를 풀어헤치고
치맛자락 휘날린다
어떤 놈은
뒷짐 지고
고개를 좌우로
흔들어 대네
그런데
슬며시 산 너머로
바람 흩어지니
산천 초목은
부처님전
조용히 합장하고
옷깃 여미네

만행

찬 바람에 찢긴
구름 사이로
삐끔히 새어 나오는
희미한 달빛은
호숫가에 머무는데
어둠을
안고서
마음 정할 곳이 어데련가
처처에 총림인데
손짓하는 곳이 없고나
새들은 둥지에서
잠꼬대를 하고
산 골짜기 조랑물은
적막 깨질까
숨 죽여 흐르는데
돌 뿌리 차이는 소리에
산천도 놀래고 나도 놀랬네
어즈버

걸망 메고 하늘을 보니
구름 나그네 어서 가지 손짓하네

죽음

삶이란
죽음을 향하여
뚜벅뚜벅 걸어 가고 있는
한 과정이 아니련가
生者必滅이라 하였던가
인간은
이 세상에 태어나면서부터
죽음을 조건부로 한
한시적인 존재가 아니련가
사생이 영원히 존재할 수 없음이
자연의 섭리라면
어떻게 죽음을 거부하리오
웃음으로
떠날 수 있는 마음의 준비를 해야겠지요
여기 벌레 먹은
꽃 한 송이도
그래도 좋타고
껄껄 대는 여유가

참 보기 좋구나
그래 그래 웃어라
죽을 때도 웃어라
웃다가 가려무나
그래서
저 세상에선
영원히 시들지 않는 꽃이 되려무나

삼라만상森羅萬霜

삼라만상의
태동 소리에
사생死生이 오고 가는데
저마다 업보의
보따리를 풀어 놓고
지장 보살님께 하소연을 하는구나
無始劫來로 부터
쌓여온 한 많은 사연들
한 생각 돌이키면
없어질 것을
때 묻은 미련에 매달려
마음 바꾸기 힘이 드나
업장은 마음에
묻어 있거늘
육체만 닦아 대니
무슨 소용이 있단 말인가
물은 물로 씻을 수 없고
불은 불로서 끌 수 없듯이

바람은 바람으로 막을 수 없다네
그러므로
욕심은
욕심으로 채울 수 없다네
다만
마음 비워 텅텅하면
채워지리

하심下心

인간은 달빛 속에 거만하며
태산 앞에 수다스럽다
그러나
달빛은 거만함을
탓하지 아니하며
태산은 흉을 보지 아니하는데
인간은 저마다
자기 색깔과 모양으로 수다를 떤다
그 속에 파생되는 것은
시시비비인데
우리가 부처님께
합장하는 것은 오로지
겸손함을 발전시켜
화합으로 서로 사랑하자는 것인데
그러므로 일체 시비를 끊어 버리고
따뜻한 사회를 구현함에 있지 않은가
下心하자 양보하자
그래서 아름다운 사회를 구현하자

석별

파도를 할퀴고
맴을 도는 바람에
어둠이 부풀어 온다
별들은 하나 둘 깜박이고
X의 사랑이
파도에 흐르는데
헤어짐의
끔찍함이 다가온다
영원한 만남은
아니었지만
이별의 아쉬움을
저 넓은 바다에 던져 보지만
그리움은 샘 솟듯이
가슴을 무겁게 하는구나
다시 만날 기약도 없이
눈빛으로만
서로의 안녕을 빌면서
아! 마산의 바다가
지금도 철썩이겠지

허무

정과 사랑을
먹물 옷 속에 감추고
산천을 몇 바퀴나 돌았던가
청춘은
무상으로 흩어지고
허무로 흐르는
공허한 마음은
견딜 수 없는 가슴앓이가 되어
허공을 짓누르는구나
마음 챙겨 희망의 뜻도
구현했었지만
세상엔
영원한 것이 없다더라
무엇이 그립고
무엇이 사랑스럽다더냐
지금 이 시를 쓰고 있는 순간도
죽어 가고 있는 과정인데
풍진 세상을

가로막고서
누구를 속이고
누구를 탓하느냐
인과 따라
그냥 흘러가거라

증애憎愛

옥실옥실하게
피어나는
봄 향기에
벌과 나비는
이리저리
춤을 추네
자연이
사랑을 섭리攝理함인가
사랑이
자연을 섭리攝理함인가
서로가 아쉬워 그럽고나
꽃이 피면
지듯이
헤어짐이 없는
사랑은 없다더라
봄의 여신
통곡 소리에
벌 나비도 날지 않잖니

그러니
헤어질 때를 생각하여
준비 없는 사랑은 말아요
영원한 사랑은 꺾지 않고
감싸주는 것이랍니다
또 사랑보다 더 무서운 것은
정이랍니다
사랑은 헤어질 수 있지만
정은 죽어서도 못 잊는 답니다

늦가을

겨울을 잉태하는 소리에
단풍잎은
뒹굴며 몸부림친다
기러기 고향 찾아
저 하늘 가에 날아가는데
아!
스산 함이 엄습掩襲해 오는
텅 빈 들녘엔
안개만이 굽이굽이
파도치누나
숫총각의 가슴엔
사랑이 부풀고
찬 이슬에 떨고 있는
언 백일홍은
날 반겨 웃고 있구나
죽어서 다시 만날 곳이
이 늦은 가을이라면
서리 밭에
진달래 심어 가꾸리

모순矛盾의 합리성

태산이 호령하는 소리에
바다는 파도를 치고
먹구름은
천지를 뒤덮고
해와 달은
서로 수직 관계를 이루면서
사이 좋게 돌아 간다
인간들은
자기가 만든 잣대로
세상을 재 가고 있으니
모순의 합리성이
우후雨後 죽순竹筍일세
넉넉한 대지 위에
나래를 펴고
허공 같은 마음으로
세상을
응시할 수는 없는 것일까
아!

모순의 공해에 찌든 세상
고운 마음 갈 곳 없구나
영원한 영면으로
간다 하여도
인과가 무섭구나
에라 모르겠다
모순을 벗 삼아
유랑의 걸망을 메자

부모님 영전에

스님들의 구성진 염불 소리에
촛불도 숙연하고
향 내음 젖어 도는
부모님 영전에
절을 올립니다
왕생 극락을 빌면서
효도는커녕
고생만 하시다가 가시었으니
자식들의 가슴엔
한이 맺혀
찬 서리가 내립니다
어느 세상에서
어떻게 계신단 말입니까
복받치는 쓰린 가슴은
한 마리의
파랑새가 되어
허공으로 날아갔습니다
저 달이 되어

내려다 보실까
해가 되어 빛나나
두고 가신 사랑은
소중히 빛나는데
보고픔이 절절한 그리움은
어찌 감당할까요
이젠 흘릴 눈물도 없는데

저문 가을

비단 같은 안개가
서려 도는 이른 아침에
금강산은 안개 속에
늦잠이 들고
저문 가을의 고별이 아쉬워
긴 밤을 설쳤나
황금 들녘을 부둥켜 안고
졸고 있구나
길가의 코스모스 얼굴엔
이별의 슬픔을 흘리고 있는데
이따금
안개 터널을 빠져나가는
자동차의 굉음 소리에
주름진 안개가 놀라서
몸 부림치구나
저만치 어른거리는
부지런한 농부의 헛기침 소리가
이 가을이 떠나는 기적 소리인가

선잠 든 들판을
깨우고 있구나

술

술 잔에 달을 타서 마시니
희열의 세계가 장엄하다
꿈 속의 친구들과
정담을 나누며
구겨진 마음에 날개를 달고
추억의 열차는 달린다
세상 모두가 다 내것이며
모든 사람들이 다 내 애인이다
갖고 싶은 것 다 갖고
하고 싶은 것 다하니
일배 일배 부일배로구나
그래서
천 년 전 이태백이도
태평성대를 부르며
저 달을 희롱하였으리라
경직된 세상
술로 용해시키고
미운 사람 고운 사람

다들 술에 타서 마시는데
왜 술에 시비를 거느냐

해운대 야경

수많은 만남과 헤어짐의
발자욱이
모래 속에 묻히고
어두움은 고요히
숨을 죽이고
파도는
달빛에 춤을 추는데
가로등만이 외로이
백사장을 비추고 있구나
바닷가
저 변두리에선
등대 불이 번쩍이고
뱃 고동 소리는
삼경에 우는데
첫사랑 두고 간
님들만 오가는구나
저 멀리 산사의
새벽 종소리에

어둠이 꼬리를 저으며
바다 속으로 사라지는구나

해운대 아가씨

갈매기 파도 위에 울고
저 멀리 통통배는
아침 햇살을 가르며
어데로 가나
은빛 모래알은
찬 이슬에 사랑을 속삭이고
늠실늠실 손짓하는
잔잔한 파도는
외로운 동백섬을 껴안고 도는데
사랑 심어 놓고
가신님 기다리는
해운대 큰 애기가
안개에 기대 서서 쓸쓸하구나
파도야 파도야
멈추어 다오
우리님 오실 날이 다 되었단다

향수 — 2

비에 젖은 달빛은
단풍잎에 물들고
추억이 지나간 자리엔
뜨거운 향수가 흐르네
눈을 감으면 고향이요
눈을 뜨면 타향인데
마음 한 구석에선
어린 시절을 노래하고
추억을 엮어서
달빛에 매다니
강물 따라 떠 흐르네
강물아 강물아
출렁대지 말고
살금살금 흐르거라
추억 흩어질라
달빛 깨질라

향수 — 3

낙엽이 우수수
가을 바람은
노총각의 가슴에 머물고
향수 어린
고향 열차는
옛정으로 달린다
저 드높은
푸른 꿈은
세월 속에 묻어 두고
내뿜는 담배 연기 속에
고향 향기 어린다
인생은
어차피 긴 여행이 아니런가
타향도 고향도
지나치는 정거장

가을 여행

겨울을 시샘하는 빨간 낙엽은
파르르 화를 내며
바람에 몸부림치네
허공에 써 놓은
님의 편지는
심술 궂은
먹 구름이 지워 버리고
황금 들녘 가로지르는
이 몸 싣고 사랑 찾아
떠나는 열차
코스모스 한들한들
손짓하는데
먼발치
가을 여자
치마 폭에는
스산한
내 마음 감싸 주누나
사랑아 사랑아

가을 사랑아
고추 밭에
빨갛게 왔느냐
은행잎에 노랗게 왔느냐
까실까실
밤송이에 왔느냐
나는 너를 사랑한다
물든 산천아

허무

세월아
네 멋대로 흘러가거라
계절만 그대로 두고
인생아
네 마음대로 가거라 가
청춘만 그대로 두고
바람은 불어도
세월은
찢기질 않네
그래도
청춘은 흘러가는데
사랑을
지울 수 없어
잊혀진 추억 속에
쉬고 싶은데
밀려오는 새로움에
떠나갑니다

가을 저녁

긴 여정에 지쳤나
저녁 노을은
서산 마루 언덕에 걸려 있고
뭉게 구름 흘러가는
저 하늘은
어느 님의 수채화일까요
코스모스 길 따라
황금 파도 속으로
총총히 멀어져 가는
산천의 그림자는
어느 님의
풍경화일까요
구름 사이로
아기 별들은 숨박꼭질하고
찬 이슬 내리는
가을 저녁에
귀뚜라미 노래 소리
어느 님의 곡율입니까

농부의 콧노래 소리에
살찐 강아지 꼬리 젓는데
견우와 직녀는 길쌈을 하여
겨울 채비를 하려나
서늘한 바람이
겨드랑이 스며드누나
격에 어울리지 않게
늙은 노승도
가을 샹송을 불러 본다

도량석

귀뚜라미 소리에
적막은 찢기고
사나운 먹구름에
상처를 입어
조각 달은 일그러져
서산에 졸고
그리운님 오시라고
은하수 다리 놓았네
어서 일어나 임 마중 가자
잠 깨우는
목탁 소리
그래도 임은 오시질 않아
흰 구름 흘러가는 그 길목에서
님을 기다리고 있으렵니다

첫 사랑

두견새 울음 소리
박꽃이 피고
종달새 노래 소리에
찔레꽃 필 무렵
수줍은 소녀의 미소가
내 가슴에 스며들었네
달 뜨는 밤이면
가슴은 풍선 같이 부푸는데
그이는 달빛 속에
그네를 뛰네
그녀와 정자 나무 밑에서
별을 셀 적에
원두막 호랑이 할아범
헛기침 소리에
반딧불이 놀라서
달빛을 질투하네
아 그립고 지워지지 않는
그 미소

박꽃보다도
더 청아하고
찔레꽃보다
더 기름져라
보고픈 님이시여
백의 관음보살 되시여
흰 구름 타고 오시려나

저녁기도

목탁 소리 흘러가는
푸른 허공에
별들은 하나 둘 합장을 하고
대종 소리 딩딩 허공을 메우는데
촛불은 해맑은 미소를 지으며
행운의 손짓을 보라 하시네
야울야울 꼬리 젓는
향의 연기는
행복의 가는 길을 인도하시네

예불

오늘도 님께 합장하면서
절을 합니다
촛불도 밝히고
향도 사루면서
이렇게
님 찾아 돈지
어언 십수 년
그러나
여전히 두 눈 크게 두리번거립니다
님께서
구슬 같은
말씀 내려 주심이
이 가슴 속에 어려 있음도
짐작은 하지만
세상의
그늘이 너무 어둡습니다
햇빛 비춰주고
달빛 비춰주는

뜻도 알지만
님과의 숨바꼭질이 너무나 지루합니다

산길

금강산이 토해 버린
붉은 햇살에
이슬 맞은 백일홍이
수줍어 웃네
고개 숙인 들녘에
안개가
병풍을 치고
별 다른 인간이
걸어 갑니다
어제 저녁 꿈 이야기를 하며
가을 바람
솔솔 바람에
풋처녀 가슴은
부풀어 오르고
노총각의 부푼 꿈은
허공에 매달린 채
줄줄줄 궂은 비는
총각의 한이련가

처녀의 슬픔인가
눈물 싣고
흘러가는 저 구름아
조석으로 일기가
순하지 못하니
우리동무들
감기 들라

코스모스

오늘 님 오시려나
송아지 엄마 찾는
길가에 서서
찬 바람 마다 않고
갸날픈 몸매들
한들거리네
해 너울은
서산으로 흘러드는데
마지막 버스가 지나갑니다
고향 찾은
신부는
발걸음 멀어져 가는데
야윈 코스모스
입술엔
헤픈 미소가 쓸쓸합니다

가을 아침

비단 같은 안개가
꼬리를 치며
보개산을 휘감아 도는데
소를 모는 목동의
콧노래가
새 아침에 흩어지고
논들엔 황금 물결이
파도를 친다
들국화 방실방실
웃는 길가에
아기염소 한가로이
풀을 뜯고
참새들의 풍성한 만찬에
늙은 허수아비는
두 눈을 부릅뜨는데
점점이 흘러가는
저 구름은
어느 님의 행차이길래
별들을 하나 둘 집어삼킬까

추억

그 멀리 아련한
옛 추억이
그리워집니다
주마등 처럼
스쳐가는 옛 모습들이
보고 싶습니다
동산에 올라
알밤 줍던 그 시절이
그립습니다
지장 보살님의
사랑이 그윽한
이 심원사엔
칠흙 같은 어둠에
가을 향기 휘어 도는데
오늘따라
두견새 울음 소리
처량합니다
스님들의 정근 소리는
보개산 정기를 모아 들인다

지나간 과거는
마음에 사무쳐 맴돕니다
과거 없는 삶이란
의미가 없지 않습니까

월산스님 열반을 탄하며

가을 하늘에
밝고 맑은 큰 별 하나 떨어졌네
천지는 진동하고
삼라만상은 시름이 없네
합장하는
중생들을 버리시고
어데로 가셨단 말입니까
월산 큰 스님
지장 보살님 곁이
그리도 그리웠단 말인가요
기왕 가시려거든
그림자만이라도 두고 가시지
그리도
알뜰히 가셨나요
허공에 흩어진
당신의 인자함은
언제 다시 만나련가
공허함이 저며 오는

이 가슴을
활화산이 되어
허공에 날립니다
아 월산 스님
당신은 가셨지만
법문 소리 허공에 메아리칩니다

국화

찬 이슬 속에서도
꿋꿋이 서 있는
그 모습에서
나는
인내를 배웁니다
찬 바람을 포옹하는
그 미소에서
나는
관용을 배웁니다
그윽한 그 향기에서
사랑과 자비를 배웁니다
촉촉한 그 뺨에서
슬픔의 감회도 느낍니다
아! 말 없이
토해내는 그 법문은
상처난 중생들을
어루만져 주누나
안개 속에 국화 향기
이 가을이 깊어 갑니다

한가위

오홉이 모자라
한가위인가
저 달은
떠난 님 맞으려고
홀로 둥굴구나
흘리는 달빛으로
님의 모습 그리고
흰 구름 걷어다
님의 옷 짓고
아기 별 따다가
수를 놓아서
내 마음 물들여
님 드리리
구름아 구름아
흐르지 마라
님 오시는 길
어두울라

종이 꽃

무지개 걷어다 접었나
구름 걷어다 접었나
색종이로 고이 접은
꽃송이구나
향기가 없어서
벌 나비 날진 않지만
또한
이슬 머금어 수줍음도 없지만
송이송이 모여서
웃는 모습이
참 귀엽기도 하다
사랑 싫어
님 오시는
그 길목에 뿌려 놓으면
코스모스 어울려
님 반기겠네
가냘픈 입가에 웃음 짓는
종이 꽃이 피었구나
손 끝에서 화사하게 피어났구나

향수 — 4

사랑이 그리워 별이 되었나
고향이 그리워 달이 되었나
바람에
칠흙이 날리어
달빛 흐리니
두견새는 고향에 울고
아기 달도 쓸쓸하구나
옛 동무 별이 되어
숨바꼭질하는데
해도와 정희는
세월에 숨고
고추잠자리
고추밭에 숨어 있네
아 그리우면서도
그리워 할 수 없는
고향 산천아
달이 되어 찾아가 볼까나
별이 되어 찾아가 볼까나

그리워 당신님이

오늘이
당신의 생신이라서
새벽 종소리로 어둠을 쓸어 버리고
당신님이 그리워 염불 소리에
산천 초목도 춤을 추는데
당신의 소식은 막연합니다
엇그저께는 주지스님의 안내로
순석 순득이가 활로 당신을 겨냥했다던
보개산을 가 보았습니다
엷은 미소로 반겨 주시리라 생각했는데
실바람에 캥겨 너울대는
잡초의 손짓만이
무상을 회오리쳤습니다
정녕 이 가을의 정치가
당신의 나투심이라면
귀먹고 눈멀었습니다
아 이제야 알 것 같습니다
지옥 문전에서 통곡하고 계신 뜻을

이별

오는 사람 가는 사람
엇갈려 간다
손수건 흔들며 섭섭함이
만나서 반가운 이
떠나고 오고 또 떠난다
죽어서 이별도 서러운데
살아서 생이별은
어찌 할까나
이별이란 두 글자
누가 만들어 놨나
인생이란 생(生)의 이별이여
죽음의 만남이련가
버스는 서울을 향하여 질주한다
그리운 이들이
점점 멀어져 간다
만남이 점점 가까워 온다
지금 나도 영원한 이별을 하기 위하여
죽음으로 뚜벅뚜벅 걷고 있지 않는가

악수는 하지 맙시다
손만 흔들어요 악수는 영원한 이별이라니까요

스승

눈 비 치나
바람 부나
쉬실 날 없이
우매한 우릴
밝음으로 이끄신
스승님
당신은 지혜의 사신으로
우릴 품으시고
세상에 우뚝 서신
지장 보살님의 화신인가요
주옥같은 당신의 금언은
거울 되어
인생의 질곡을 피해갑니다
해가 아무리 밝다 하여도
달이 아무리 곱다 하여도
당신의 등불에
어찌 비하리까
별을 따다 엮어서

월계관 만들어
당신께 씌워 드려도
그 은혜엔
턱없으리

무제無題

바람은 제 멋대로
물은 제 마음대로
불고 흐르게
그냥 놔두어라
세상사
고칠 것이 뭐 있고
다듬을 것이 뭐 있다더냐
어차피
두고 갈 세상인데
흐르는 세월이
쉬는 것 본 놈 있으면
나와 보라고 해라
죽음으로 끌려가는
인생 꼬라지
아쉬워할 것이 뭐 있다더냐
젊은 놈도 뒤지고
늙은 놈도 뒤지는 것이
세상의 모습이 아니더냐

바람도 불고 물도 흐르게
그냥 놔두고 살자

X에게

가을이 영글어 가는 소리에
농부들의 구성진 콧노래가
황금 들녘에 젖어 도는데
X의 모습은 저 멀리 추억으로 흘러갑니다
쓰다가 지워버린
사랑의 편지는
허공으로 날려 갔습니다
아 보고 싶은 X
이 가을 빛깔은
예나 다름없는데
X의 가슴에
나의 초상화는 빛 바랜 흑백 사진일까
어느 옛 시인이
사랑하는 사람을 가지지 말라
원수도 가지지 말라
왜냐하면
사랑하는 사람은 못 만나 괴롭고
원수는 만나서 괴로울 테니까

허무

허공으로 흘러가는
고향의 그림자
추억 속으로 흐려지고
새벽 까치 소리에
가을 나그네
고향 비켜 흐르는데
푸른 하늘 흘러가는
저 구름은
강 물 위에 떠가고
인생의 허무함은
세월 속에 사라지니
덧없는 세월은
예나 지금이나 그대로인데
누가
세월이 흘러간다 하느냐

뜨네기 신세

넓다란 밤 하늘에
둥근 달 홀로 떠 있는데
어느 님을 잃었기에
두견새는
저리도 슬피 운단 말인가
자식 잃은
어미 마음 더욱 서럽게

푸른 하늘에
흐르는 구름따라
홀로 걷는데
슬피 우는 두견새 소리
산천도 울고 나도 우네
고향 잃고 갈 곳 없는
뜨네기 신세 더욱 서럽다

기다림

달빛에 물들었나
별빛에 물들었나
화사하게
저만치서
홀로 피어 있구나
눈길 주는 이는 없어도
정갈하게 단장을 하고 있구나
산 까치가 짖어대면
행여나 오시는가
솔 그늘에 가리운
님의 그림자
부푼 가슴 열고
그려 보는데
아기별만 깜박깜박
졸고 있구나
오늘도 오시질 않은 님아 님아
쌓아둔 사랑 드리려 하는데
어느 하늘 밑에서
뭘하고 계신단 말인가요

장미꽃

기다리다 지쳐서
빨갛게 멍이 들었구나
또 무슨 한이 있길래
사나운 가시냐
장미꽃아
꿈으로 그리는 사랑은
영원히 시들지 않는단다
멀리서
바라 보는 사랑이
참으로 아름답단다
왜냐하면
가까이 보면
허물이 보이잖니
거울 속에 비친 사랑은
먼지만 털면 되고
물 속에 비친 사랑은
물결따라 흐르고
마음에 그린 사랑은

마음따라 흐르잖니
세월 속에 그린 사랑은
추억으로 다가오잖니
빨간 장미야
시들지 말고
영원히 피어 있거라
내가 찾을 때까지 영원하거라
나는 너를 사랑하거든

소나무

눈보라 몰아쳐도
굴하지 않고
푸른 자태를 뽐내고 서 있는
꿋꿋한 소나무

비 바람 몰아쳐도
개의치 않고
과묵하게 서 있는
푸른 소나무
바위 틈에 뿌리 박고
솔 향기 풍기며
농부들의 땀 방울 씻어 주는
고마운 소나무

기러기

석양을 가로 질러
날으는 저 기러기
잃은 님 찾아가나 바삐도 나네
저 산 넘어
내 고향에 당도하거든
이 몸은 잘 있다고
소식이나 전하여다오

푸른 하늘 가로 질러
홀로 나는 저 기러기
그림자
강물 위에 흘려 놓고서
쉬지도 않고서 바삐도 나네
내고향 우리 부모 만나시거든
안녕히 잘 계신지 소식이나 전해 오렴

추야秋夜

달빛에 대지는 곱게 물 들고
아기별은 깜빡깜빡 졸고 있는데
암내 난 고양이가
시끄럽게 울어 대네
나도 님 잃고 서러운데
멀리 개 짖는 소리
어느 집 손님일까

달빛은 호수에 출렁이고
버들가지 실 바람에 춤을 추는데
멀리 개 짖는 소리
코스모스 한들한들
님 마중 가나

건봉사

달빛은 금강산을 어루 안고
금강산은 건봉사을 품어 안으니
거룩한 불지 도량일레라
노전 스님 염불 소리
초목은 춤을 추고
앙증스레이 합장하는 동자의 모습에
부처님도 빙그레 웃으신다

천년의 봉황대는 고유의 역사를 품고
흐르는 흰 구름도 합장을 하니
부처님 감응 나린 총림일레라
스님들의 염불 소리
구천에 닿으니
아기별도 깜빡깜빡 합장을 하네

강물

달빛 껴안고
별빛 담아 가지고
어데로 흘러가나
산 모퉁이를 비켜 돌며
바위 고개를 살금살금 넘어서
흐르다 흐르다가
우리님 만나시거든
이 몸은 잘 있다고
소식이나 전해 주렴

달빛 흘릴까
별빛 깨질까
늠실 슬금 어데로 가나
산 그늘을 헤치고
구름을 그려 가며
눈길도 주지 않고
흐르는 강물아
내 고향 지나치다

내 동무 만나거든
두견새 노래 소리 뉘하고 듣느냐고
물어 봐 다오

연꽃

호수 위에 떠 핀 우아한 자태에
햇님은 눈이 부시네
진흙 속에서 피어난
기름진 연꽃은
너무나 아름다워
진흙 범접 못하였네

고운 님 색시 닮아
저리도 정갈할까
진흙에 개의치 아니하니
진흙 묻지 아니하였네
빙그레 미소 짓는
웃음 따다가
정든 님 가슴에 묻어둘까나

군소리

고향 떠나
타향 하늘 바라보는 이
이 글을 읽지 마셔요
왜냐하면
더욱 고향 생각이 날테니까요
부모 잃고
서러운 이도
이 글을 읽지 마셔요
황천 가신 부모님이
더욱 그리울 테니까요
님 떠나 보내고
쓸쓸한 이도
이 글을 읽지 마셔요
왜냐하면
더욱 쓸쓸할 테니까요
고향에 정든 이는
이 글을 읽어 보세요
왜냐하면

정이 더욱 깊어질 테니까요
부모님 모시고 효도 하는 이
이 글을 읽어 보세요
왜냐하면
부모님의 소중함을
더욱 느낄 테니까요

님과 같이
이 글을 읽어 보세요
왜냐하면
더욱 사랑스러울 테니까요

그대에게

나는 당신을 사랑하면서
가슴에 묻어 두었던 것은
용기가 없어서가 아니라
당신의 마음을
헤아릴 수 없어서였지요

나는 당신을 그리워했지만
마음 밖으로 밀어냈던 것은
사랑이 싫어서가 아니라
당신의 행복이
깨어질까 두려워서였지요

추억

진달래에
물 든 마음
봄 바람에 날리고
님에게 반한 마음
사랑으로 설레고
사랑에
취한 마음은
추억으로 피어오른다

그리웠던 님에게

내가 그대에게
다가가지 않는 것은
그대가 못나서가 아니라
내 허물이 보일까
두려워서이지요

내가 그대를
그리지 않았던 것은
그대가 미워서가 아니라
그대의 행복이 깨질까
두려워서이지요

내가 그대의
소식을 묻지 않았던 것은
궁금치 않았던 건 아니지만
보고파질까
두려워서이지요

석별

널따란 허공에
구름 머물 곳이 없어
눈 비 되어 나리나
황야가 크다지만
바람 쉴 곳 없어
나무 끝에 우는가
시간은 벽도 없고 마디도 없는데
밤과 낮이 번갈아
세월을 몰고 가는구나
그러나
구름은 바다를 지나나
젖지 아니하고
바람은 가시덤불을 스치나
찢기지 않고
대지는 검은 밤에 물들지 않는데
정에 할퀸 마음은
쓰라리구나
에라 풍진 세상

겨울 나비 되어
눈 속을 훨훨 날고 싶구나

할미꽃

자식 잃은 어미 설움
죽어서도 못 잊어
양지 바른 언덕에서
할미꽃 되어
자식 떠난
먼 길목을 바라보면서
외로이 피어 있구나

자식 잃은 어미 마음
하도 서러워
죽어서나 만나 볼까
할미꽃 되어
자식 떠난 그 길목을
바라보고 있구나

진달래

달 빛에 숨어 있었냐
무지개 속에 숨어 있었느냐
숫처녀 가슴에서 피어난
아름다움이냐
화사하게 단장하고 윙크를 하네

곱게곱게 단장을 하고 모여 앉아서
싱글벙글 소근소근 사랑 이야기
봄 바람에 화려하게 피어 오르네
노총각의 가슴에도 타오른다

눈꽃

가지마다
뽀얗게 피어났구나
찬 바람에
오들오들 떨면서도
고운 자태를 뽐내고 있구나

하나님이 내려 주신
하얀 꽃 송이
가지마다 흐드러지게 피어났구나
소복소복 복스럽게 피어 있네

구름 꽃

대지가 좁아서
하늘에 피었느냐
달님이 보고파서
하늘에 떠 있느냐
아기 별이 보고 파서
허공에 피어 도나

아기별 추울까
꽃 구름 되었느냐
개나리 진달래 역겨워
뭉게뭉게 하늘에 떠도느냐
벌 나비 역겨워
하늘에 모락모락 피어ㅋ났느냐

달 — 1

넓다란 허공에
홀로 저 달은
떨고 있는 대지를
감싸 안고서
가신 님
처량하게 기다리시네

허공에 매달린
둥근 저 달은
두견새 노래 소리
홀로 들으며
오시는 님
어두우실라
밝혀 주시네

달 — 2

둥근 저 달 속에
우리 부모 비치면
궁금하지 않을 텐데
둥근 저 달 속에
고향 산천 비치면
그립진 않을 텐데
둥근 저 달 속에
옛 동무 비치면
외롭지는 않을 텐데

둥근 저 달 속에
님의 얼굴 비치면
얼마나 좋을까
둥근 저 달 속에
님의 마음 비치면
참 좋을 텐데
둥근 저 달 속에
님의 편지 비치면
소식을 알 텐데

마음을 비우면

마음을 비우면
미운 사람 없어지고
마음을 비우면
괴로움이 없어지고
마음을 비우면
가질 것이 없어지고
마음을 비우면
두려움이 없어지고
마음을 비우면
그리움이 없어지고
마음을 비우면
걸림이 없어지고
마음을 비우면
항상 즐거우리

나비

봄 향기를
한아름 안고서
훨~훨 날으니
벌이 시샘을 하며 윙윙거리네
꽃도 방끗이 벌을 반기고
나비는 꽃을 껴안고
뽀뽀를 하네

봄볕을
헤집고
이 꽃에서 저 꽃으로
화창 세계를 이루네
꽃이련가 나비련가
날으면 나비요
앉으면 꽃이 되는
나비는 꽃이 없으면
날지 못하리

고독

타향에서 그리운 고향은
그리움으로 다가오고
외로움에서 그리운 사랑은
애절함으로 다가오고
첫사랑의 그리움은
저 달 속에 어른거린다

타향에서 눈물 지은 것은
고향 아줌마 때문이요
고독에서 외로움을 느끼는 것은
봄 향기 탓이요
첫사랑에 그리운 것은
흘러간 노래 때문이다

진달래

지난봄에
진달래에
사랑 심어 놓았더니
봄바람에
진달래는 싱긋 방실
춤을 추는데
사랑은 간 곳 없고
벌 나비만
진달래를 희롱하고 있구나

작년 봄에
진달래에
님의 소식 그려 놓았더니
아지랑이 사이로
진달래는 방실방실 손짓하는데
님의 소식은 간 곳 없고
노랑 나비 흰 나비만 날고 있구나

개나리 꽃 필 무렵

교복 입고 개나리꽃 옆에서
사진 찍던 그 여학생은
어디서 살고 있는지
개나리 노란 웃음 지으며
봄바람에 하늘거리는데

개나리 흐드러지게 피었을 때
동생하자던 그 누나는
예쁜 여고생이었지요
지금은 어디서 살고 있는지
개나리 다시 피었는데

석양

저리 고운 석양 빛은
어느 님이 그려 놓은
수채화인가
어머님 산소에도
곱게 물드네

흰 구름에 물들인
저녁 노을은
햇님이 그려 놓은 그림인가요
외딴 집 창문에도
곱게 비치네

고별

달도 혼자
해도 혼자
나도 홀로라네

떠날 사람 모두 떠나고 나니
고독으로 흐르다가
하늬바람에 흘러 가네
차라리 아기별 되어 속삭이고 싶은데
구름 가리워 아득하고나

마음도 하나
정도 하나
사랑도 하나인데

손짓 없이 떠나간 그이
멀리 바라만 보다가
싸늘한 달빛만 끌어안고 도네
다만 다음 세상에 좋은 인연되어

나란히 걸어가고 싶음을

부처님께 향 사루어 합장합니다